SOUVENIR

DE LA

CAMPAGNE DU NORD

(1870-1871)

PAR

MAXIME LECOMTE

AVOCAT A AVESNES

LIEUTENANT DE LA GARDE NATIONALE MOBILE.

TROISIÈME PARTIE.

REPRODUCTION INTERDITE.

AVESNES

CHEZ ELIET-LACROIX, LIBRAIRE

1871

SOUVENIRS

DE LA

CAMPAGNE DU NORD.

CHAPITRE VIII.

Bapaume.

« Encore un assaut, mes amis, encore un ! »
SHAKSPEARE. *(Henri V.)*

SOMMAIRE :

1871 ! Nouvelle campagne..... Nouveaux désastres ! Pauvre France, combien chèrement tu paies tes erreurs et cette honteuse léthargie de vingt ans qu'on appelle le second Empire ! Puissent ces désastres te faire éviter pour l'avenir ces erreurs fatales ! Puissent-ils te faire comprendre qu'une nation, pour atteindre à une légitime et durable prospérité, doit de toute la force de ses institutions , chercher à créer des soldats et des citoyens, des soldats qui sachent la défendre avec intelligence et dévouement , des citoyens qui sachent l'aimer, qui connaissent leurs devoirs et les pratiquent. Jamais les habitants d'un grand pays ne se désintéressent impunément de leurs affaires. Ils dorment et leur sommeil est paisible.... mais le réveil est une catastrophe. En saluant l'avénement d'une monarchie, née d'un crime , les Français pouvaient s'écrier, comme les gladiateurs antiques : « *Ave, Cæsar, morituri, te salutant. César, ceux qui vont mourir te saluent.* »

Faut-il croire à la résurrection de notre pays ? Sans avoir à répondre à cette question , tous les hommes d'esprit et de cœur doivent travailler résolument à cette régénération. Instruits par nos malheurs, ils en chercheront les causes, et, connaissant le mal, trouveront le remède.

Un officier supérieur de notre régiment, voulant s'expliquer l'abaissement de la France et conservant la foi et l'espérance dans un meilleur avenir, m'a communiqué quelques réflexions sur ce sujet. Je crois bien faire en les mettant sous les yeux du lecteur.

Que la haine de l'envahisseur nous fasse redevenir un peuple fort et respecté ! Mais , pour atteindre ce but, il y a beaucoup à faire. Le mal de la France est profond.

Prenons l'enfant au berceau. Nous devons nous l'avouer , nos enfants sont élevés dans du coton ; les mères obéissent à toutes leurs exigences , à tous leurs caprices. Il faut que dès l'âge , qu'on est convenu d'appeler *l'âge de raison* , le père vienne corriger cette nature trop nerveuse et déjà disposée à l'insoumission. Le respect filial contient en germe tous les respects : le respect de la religion, de l'individu, de la famille, de la propriété et de la loi.

« Ce n'est pas sans raison, dit *Alphonse Karr*, dans son livre intitulé *les Femmes*, que la nature a fait et laissé si longtemps l'enfant faible et désarmé ; — elle a voulu que l'homme eût le temps d'apprendre à se soumettre à la nécessité, et c'est cette éducation si indispensable que vous dérobez à votre enfant ; — pour éviter quelques petits chagrins à l'enfant, ou plutôt pour vous éviter à vous-même l'ennui de quelques cris , vous amassez des luttes , des douleurs , des haines , sur la tête de l'homme que sera cet enfant,— alors qu'il apprendra qu'il perd sa puissance à mesure qu'il perd sa faiblesse.

Ah! je comprends combien il serait doux de prévenir tous les désirs d'un enfant, d'émailler toutes ses routes de fleurs, toutes ses heures de plaisirs, d'écarter de lui tous les chagrins ; mais restera-t-il toujours enfant et resterez-vous toujours là pour le protéger ? Vous deviendrez vieux et vous mourrez ; avant cela même , lui deviendra jeune homme, et vous échappera, et il s'élancera dans la vie avec les idées fausses que vous lui avez données, se heurtant aux choses et aux hommes et trébuchant à chaque pas , ici se cassant la tête, là se brisant le cœur.

Non, non, ne le trompez pas ainsi. Apprenez-lui de bonne

heure que la liberté est un rêve , que l'homme est l'ennemi de l'homme , et que, s'il est doué d'un caractère énergique, il réussira deux ou trois fois dans toute sa vie à faire ce qu'il aura résolu. Ne placez pas à gros intérêts les petits chagrins enlevés à l'enfant pour que l'homme les retrouve plus tard grossis et multipliés. »

Il faut encore que dans nos établissements d'instruction les jeunes gens reçoivent une éducation plus forte. Sans tomber dans les excès d'une éducation lacédémonienne, on doit joindre aux études intellectuelles le développement des forces physiques. Nous n'aurons plus alors le triste spectacle de tant de jeunes vieillards, toujours accablés de lassitude et d'ennui, qui, dans la crainte de faire un pli à leur faux-col, de froisser leurs manchettes, n'ont aucune des vivacités, des expansions et des entraînements généreux de la jeunesse , qui ne désirent que de petites choses et des choses malsaines , qui , enfin , n'ayant plus de sang chaud dans les veines, plus de noblesse au cœur, nous ont donné la génération des petits crevés.

Il faut , d'absolue nécessité , que tous les Français soient astreints , pendant leur jeunesse , à quelques années de service militaire. Aucune exception en faveur de l'aristocratie d'argent ne doit être maintenue. L'impôt du sang est juste lorsque tout le monde s'y soumet. Alors ce n'est plus le pauvre diable qui va se faire tuer parce qu'il est de la *chair à canon,* c'est le français qui défend son pays.

Il faut , en un mot , que la noble profession des armes

redevienne un honneur en France. On a trop l'amour du bien-être et on ne sait plus mourir. Un peuple n'est grand cependant que lorsqu'il a le mépris de la mort.

Ramenant ces questions à un point de vue plus particulier, on ne saurait trop rendre hommage aux vertus dont les mobiles de l'armée du Nord ont fait preuve pendant cette rude campagne de 1870-1871.

Il faut avoir enduré avec eux chaque jour la faim, la soif, la lassitude allant parfois jusqu'à l'exténuation, le froid excessif, le mauvais coucher sur la paille ou la terre, (ces malheureux n'ont pas eu de lits et ne se sont pas déshabillés pendant trois mois) ; il faut avoir partagé les incertitudes, les dangers sans nombre d'une lutte inégale pour apprécier comme elles le méritent leur patience, leur résignation et leur vigueur physique. Que n'eût-on pas fait avec de pareils hommes, s'ils eussent été disciplinés, animés de l'esprit militaire et si le souffle ardent du patriotisme eut enflammé leurs âmes !

L'accueil trop bienveillant que des parents faibles et peu patriotes avaient le tort de faire à leurs fils, lorsque ces derniers se rendaient coupables de la faute, si grave en temps de guerre, de s'éloigner de leur régiment et d'abandonner leurs chefs, n'a pas peu contribué à propager les cas de désertion.

Qui ne sait que, dans nos villes et nos villages, des mobiles arrivaient portant des nouvelles de combats qui venaient à peine de finir ou de batailles qui se livraient encore à de grandes distances ? Pourquoi ne leur faisait-on pas une vigoureuse conduite jusqu'au chemin conduisant le plus directement à l'armée ? C'est que les pères, c'est que la nation toute entière, comme les fils, avaient, à côté de quelques vertus, de grandes défaillances.

Nous reprendrons plus tard ces réflexions et ces développements. Qu'il nous soit donné auparavant de raconter brièvement les opérations de l'armée du Nord auxquelles nous avons pris part.

Le 1er janvier, toute l'armée reprenait la marche en avant ; le 2, cette marche en avant s'accentuait sur Bapaume. On s'attendait déjà à livrer bataille ; on s'y préparait et, à certains moments, nos forces étaient déployées pour l'action. Ce même jour eurent lieu les combats d'Achiet-le-Grand et de Béhagnies. Ce dernier combat ne fut pas décisif. Je laisse sur ce point s'exprimer une voix plus autorisée que la mienne. Le général Faidherbe croit que « le concours de la deuxième division (mobilisés), du général Robin aurait changé la face du combat, si *conformément aux ordres qu'elle avait reçus*, elle s'était portée plus tôt en ligne. » Du reste, le propre du fameux général Robin était, comme pour les carabiniers de l'opérette, celui d'arriver toujours trop tard.... fatalité ! sans doute... Ainsi, dans son récit de la bataille de Bapaume, le général Faidherbe a plusieurs fois l'occasion de parler du général Robin. « Quant à la deuxième division (général Robin), elle ne prit qu'une faible part au combat, ne procurant d'autre avantage que de couvrir notre extrême gauche par *sa présence*.... La division Robin, restée *en grande partie eñ arrière* fut remplacée par deux bataillons de la 2e brigade de la division Payen. »

Le 2 janvier, toute notre brigade coucha , en tant que ce mot peut être employé en pareil cas, à Achiet-le-Petit. Ce village regorgeait de militaires. En quête d'un gîte avec mon lieutenant , je songeai au tableau si poétique de la Noël (le jour de cette fête était encore si proche de nous) et je cherchai une étable. Celle-ci trouvée, une crèche étant inoccupée, nous nous y blottimes, mon camarade et moi. L'espace était bien étroit, mais grâce à des concessions réciproques, à un peu de paille et au souffle bienfaisant et puissant des ruminants, hôtes habituels de ce lieu , nous ne fûmes pas trop souvent réveillés par le froid, auquel l'indiscrétion d'une porte mal jointe permettait de nous visiter. Le matin, une étable encore plus petite, mais complètement inoccupée, nous permit de grignotter à l'aise le morceau de pain que la veille nous avions mis en réserve. Il ne faut pas partir à jeûn , un jour de bataille !

L'armée prussienne avait abandonné Béhagnies et Sapignies pour se porter en arrière sur la ligne formée par les villages de Grévillers, Biefvillers, Favreuil et Beugnâtre. Notre régiment arriva près de Grévillers, faisant face à la ville de Bapaume. La section que je commandais était la première à marcher ; le lieutenant colonel me donna l'ordre de déployer en tirailleurs la compagnie , de traverser ainsi jusqu'à la lisière opposée le village que l'on voulait enlever à la baïonnette. Nous serions soutenus par les autres compagnies. Le sabre au clair, je transmis l'ordre et tous partirent sans hésitation. L'artillerie prussienne nous lança bien quelques obus, mais nous marchions avec tant d'entrain que personne ne fut éclaboussé par ces projectiles. Si nous espérions trouver ce village rempli de prussiens, nous fûmes déçus dans cette espérance. Nous traversâmes tout le village, ainsi que nous en avions reçu l'ordre, mais les prussiens que nous aperçumes étaient des prisonniers ; nous vîmes quelques soldats français retardataires, d'autres qu'on rapportait blessés du champ de bataille. Nous pûmes à ce moment apprécier le dévouement héroïque de plusieurs prêtres et d'un assez grand nombre de paysans qui allaient relever les blessés sous le feu même de l'ennemi.

La marche victorieuse de l'armée française n'était pas arrêtée ; aussi, le régiment se forma tout à fait en face de Bapaume, et assista, en réserve, à l'engagement alors dans toute sa furie. « L'artillerie portée entre Biefvillers et Avesnes eut à soutenir une lutte terrible contre l'artillerie que l'ennemi avait accumulée près de Bapaume, sur la route d'Albert. Enfin, les batteries des capitaines Collignon, Bocquillon et Giron parvinrent, non sans dommages, à éteindre le feu de l'ennemi et toute la ligne s'avança sur Bapaume. Le petit village d'Avesnes avait été enlevé au pas de course par la première division. Une tête de colonne de la deuxième division emportée par son ardeur se jeta en même temps sur le faubourg d'Arras à l'entrée de la ville. »

A ce moment le général Derroja accourut vers nous de toute la vitesse de son cheval, causa avec notre lieutenant-colonel et s'écria : « Courage, mes amis ; vous prendrez ce soir vos billets de logement sur la place de Bapaume. » Mais « une vaste esplanade irrégulière avec des fossés à moitié comblés remplaçait les anciens remparts de la place, présentant des obstacles sérieux à la marche de l'assaillant qui restait exposé au feu des murs et des maisons crénelés par l'ennemi. Il aurait fallu, pour le déloger, détruire avec de l'artillerie, les abris où il s'était établi, extrémité bien dure quand il s'agit d'une ville française et à laquelle le général en chef ne put se résigner, ne tenant pas essentiellement à la possession de Bapaume. »

Notre régiment pouvait se croire hors portée des balles prussiennes, cependant quelques tirailleurs avancés s'en prirent à nous, sans que nous puissions songer à leur opposer nos tabatières. Un soldat du second bataillon fut renversé raide mort par une balle reçue en plein front. Quand à moi, je soupçonne véhémentement un prussien d'avoir plusieurs fois attenté à mes jours, car je sentis par trois fois une balle me siffler à l'oreille, tandis que tout était tranquille autour de moi. Vers ce moment, les batteries prussiennes commencèrent à s'impatienter du feu de la batterie Giron que nous étions chargés de soutenir. Les obus commencèrent à arriver à une trentaine de mètres en arrière de cette batterie, avec une précision mathématique ; puis l'ennemi rectifia son tir et la batterie ne put se maintenir dans sa première position. Les éclats d'obus volèrent de notre côté. Le général dè division complimenta notre lieutenant-colonel sur notre attitude. Il nous fut permis de trouver un abri dans un petit chemin creux. Un éclat vint échouer brûlant à quelques pas derrière moi , après avoir passé à quelques centimètres au-dessus de ma tête ; je m'empressai de ramasser ce morceau de fer et je l'ai conservé comme souvenir de la bataille du 3 janvier.

Le général Faidherbe dit : « On était victorieux sur toute la ligne à la nuit tombante. » Le spectacle qu'on avait sous les yeux, au bruit persistant du canon, était réellement sinistre : un champ de bataille d'hiver ; ça et là des cadavres ; des blessés en grand nombre ; en face, l'incendie actif et dévorant commençait à étreindre Bapaume , Ligny , Tilloy. Si ce spectacle était sinistre, nous avions eu une vue consolante : nous avions vu les Prussiens fuir. Qui ne comprend cette joie profonde , réellement douce pour quiconque a appartenu à cette époque à l'armée française ? Oui , nous avons vu une forte colonne ennemie battre en retraite sur la route d'Albert, et ce fait ne nous est-il pas confirmé par l'ordre du jour par lequel le général prussien Van Gœben donna l'ordre aux chefs de corps de lui signaler les officiers qui avaient fui à la bataille de Bapaume. Du reste, « pendant la nuit du 3 et le lendemain matin , les Prussiens évacuèrent Bapaume , persuadés que nous allions les attaquer et ne se sentant pas de force à s'y défendre. »

Il y a une légende sur la bataille de Bapaume , le plus brillant fait d'armes de l'armée du Nord. Cette légende, réalisée par une de ces images grossières qui ornent nos cabarets de campagne, représente nos braves marins brisant les casqnes prussiens et ce qu'il y a en dessous à coups de hache. Je ne sais jusqu'à quel point cette légende est de l'histoire ; les marins , à Bapaume , comme ailleurs, se sont admirablement comportés.

Un fait parfaitement authentique est celui qui est rapporté par le général Faidherbe. « Deux escadrons de cuirassiers blancs eurent l'idée d'attaquer l'arrière-garde d'une brigade de la division du Bessol. Cette arrière-garde , composée de chasseurs à pied (20ᵉ je crois), les attendit à cinquante pas, détruisit presque [complètement un des escadrons ; l'autre prit la fuite. »

Notre général , fidèle à sa tactique et croyant le siége de Péronne complètement abandonné , fit prendre à son armée des cantonnements à quelques lieues en arrière. Le soir même de la bataille , notre régiment couchait à Achiet-le-Grand, et le lendemain, à Adinfer.

Alors revint pour nous l'époque plus heureuse d'une certaine activité culinaire qui nous permettait de réparer nos forces pour l'étape et la grand'garde. A Adinfer, je fus avec une section de ma compagnie, placé de grand'garde au milieu d'un bois assez éloigné du village. Nous fûmes très-bien accueillis par le garde-chasse et sa famille. Le matin, l'ordre de départ arriva, et nos derniers hommes quittèrent le bois lorsque les premiers hulans y entraient. Les deux armées étaient , en effet , en présence et se suivaient même de très près. A Coulaincourt , étant encore de grand'garde , je me trouvais à la tête d'un poste d'une centaine d'hommes à deux kilomètres d'un cantonnement prussien. Mis en alerte par des coups de feu, au milieu de la nuit, nous apprenons que les sentinelles avancées ont tiré sur des cavaliers. Au qui-vive, ces cavaliers avaient répondu en très-bon français : « Reconnaissance prussienne. »

Après Adinfer, village dont le nom ne me plaisait guère (*ad inferos*, aux enfers), nous prîmes cantonnement à Croisilles. Je fus reçu chez de pauvres gens bien mieux que je ne le fus souvent dans de plus somptueuses demeures. La richesse de cœur remplaçait l'autre, et certes ne la faisait point regretter. Une religion simple et sincère, un patriotisme pur et élevé, une amitié douce et dévouée, en un mot la simplicité des gens profondément honnêtes, *sancta simplicitas*, tels sont les trésors que j'ai rencontrés dans cette chaumière que je n'aurais pas voulu quitter pour un palais. Il me fallut cependant partir, et même avant le bataillon. L'avancement, si rapide en temps de guerre, me prenait dans son engrenage : je passais, en qualité de lieutenant au troisième bataillon, et je devais immédiatement rejoindre ma compagnie à Saint-Léger. Mes hôtes, homme, femme, enfant, m'embrassèrent en pleurant. Mon fidèle Achate, le brave Thomas, qui avait auprès de moi titre et fonctions d'ordonnance, versa également d'abondantes larmes. Il quittait avec peine la compagnie composée de compatriotes et d'amis ; il ne voulait pas non plus me quitter ; ses amitiés le tiraient en sens contraire ; enfin, il se décida à m'accompagner et nous partîmes ensemble pour Saint-Léger, après que j'eus adressé quelques paroles d'adieu à la compagnie que j'avais eu l'honneur de commander, sur laquelle je comptais et qui comptait sur moi.

J'eus bientôt de nouveau amis au troisième bataillon , et je m'habituai vite aux hommes de la quatrième compagnie, que je commandais à défaut de capitaine. Le sujet de toutes les conversations, à cette époque, était la prise d'un détachement de hulans par les dragons de la brigade. Des bruits d'armistice circulaient aussi , justifiés par une inaction relativement prolongée, et par la situation de Paris qui semblait devoir être tout-à-fait critique. Malgré le succès de Bapaume, nous n'avions plus confiance dans l'issue de la lutte et nous écoutions ces bruits pacifiques avec une sorte de satisfaction. Décidés à aller jusqu'au bout et à faire payer chèrement à l'ennemi la victoire définitive, nous aurions vu avec joie les hommes qui étaient à la tête du gouvernement entrer dans la voie des négociations, si ces négociations pouvaient éviter des désastres plus difficilement réparables.

De Saint-Léger le bataillon se porta à Favreuil, aux environs de Bapaume. Nous étions sur le champ de bataille du 3 janvier ; les maisons que nous occupions portaient les traces du passage des obus français ; on ramassait les éclats qui passaient à l'état d'objets d'étagère. Nous ne vivions pas trop mal dans ce village ; mais les paysans abusaient de la situation pour nous faire payer très cher toutes leurs denrées. Je fus plusieurs fois obligé de faire à ces paysans des philippiques indignées sur leur défaut de patriotisme, philippiques qui avaient particulièrement le don d'amuser mes camarades. « Sachez, madame, dis-je un jour à notre hôtesse, que vous avez l'honneur de parler à des officiers français , et que partout ils sauront faire respecter cette double dignité. » Cette phrase nous valut l'égorgement d'un dindon qu'on ne voulait pas sacrifier à notre appétit, même pour de l'argent.

C'est à Favreuil que nous parvint la nouvelle de la capitulation de Péronne. Je renvoie le lecteur qui voudrait connaître l'histoire de cette capitulation à l'ouvrage du général Faidherbe, qui contient à ce sujet quelques pages véritablement émouvantes.

C'est à Favreuil que je connus et que j'aimai le lieutenant de la cinquième compagnie (*) , alors dans tout l'éclat , la gaîté et l'ardeur de la jeunesse. Pauvre enfant ! On peut lui donner ce nom, quoique sous des formes enfantines se révélât un cœur mâle, un caractère énergique. Une balle prussienne le frappa à mort à la bataille de Saint-Quentin. Admirable de sang froid et de courage , trois fois il avait ramené en avant la compagnie qu'il commandait. Les balles sont aveugles, comme le destin ; elles frappent les plus beaux et les plus braves.

(*) Hippolyte Gabé; son cousin Delphin mourut d'une blessure reçue à la même affaire.

CHAPITRE IX.

Saint-Quentin.

Tout-à-coup le soleil dissipant le nuage
Eclaire avec horreur la scène du carnage
Et son pâle rayon, sur la terre glissant,
Découvre à nos regards de longs ruisseaux de sang,
Des coursiers et des chars brisés dans la carrière,
Des membres mutilés épars sur la poussière,
Les débris confondus des armes et des corps,
Et des drapeaux jetés sur des monceaux de morts.
LAMARTINE (*Nouvelles Méditations poétiques*.)

SOMMAIRE :

Bapaume. — Reconnaissance offensive. — Combats. — L'affaire du 18 janvier. — Essigny-le-Grand. — Le docteur. — La matinée du 19 janvier. — C'est une grande bataille. — La marche en avant. — En retraite ! — Une charge de cavalerie. — Les barricades. — Aspect sinistre de la ville. — Arrivée à Bohain. — Cambrai. — Le Cateau. — Le 21 janvier.

L'armée du Nord ne pouvait rester longtemps inactive. Ashaverus de la défense nationale, si elle se reposait un instant, c'était pour marcher ensuite avec une plus grande rapidité, une plus grande opiniâtreté. Aussi, après un court séjour au Favreuil, nous reprenions nos marches en passant par Bapaume. Cette ville, dont le nom restera pour marquer dans l'histoire la place du seul succès remporté par l'armée du Nord contre les troupes de l'envahisseur, avait un aspect désolé et offrait aux regards les traces des balles et des obus, comme un vieux soldat mutilé et glorieux montre les blessures qu'il a reçues au champ d'honneur Nous saluâmes en passant cette ville et ces souvenirs et nous continuâmes notre route, songeant aux nouvelles destinées que nous réservait la suite de cette terrible guerre.

Notre régiment était cantonné à Bazentin-le-Petit , quand deux de ses bataillons furent commandés pour prendre part à une reconnaissance offensive. Je partis avec le troisième bataillon. C'était une belle journée d'hiver ; le soleil répendait sa lumière éblouissante sur la gelée blanche ; mais c'était une lumière inerte et qui semblait augmenter le froid plutôt que le combattre. Le vent de bise traversait les vêtements et glaçait la main sur le fusil ou sur la poignée du sabre. Le paysage toutefois, pour celui qui songeait à l'examiner, était vraiment magnifique ; le panorama était grandiose ; de colline en colline nous parcourions la chaîne de la Picardie en nous dirigeant vers Péronne, toujours développés de manière à être prêts à tout événement. Un coup de canon retentit Est-ce le prélude d'une nouvelle mêlée ? Non. C'est le canon français qui tonne pour notifier notre présence à l'ennemi. Ce ne peut plus être , hélas ! pour dire à la pauvre ville bombardée que l'armée de secours est là attendant l'instant favorable, l'heure de salut.

En rentrant affamés , assez tard , dans la soirée , nous

trouvâmes tous nos camarades en émoi. Un parti de ulhans était passé à une faible distance du village et avait essuyé le feu de tous les mobiles assez alertes de corps et de cœur pour se porter immédiatement sur le point menacé. Nous étions allés chercher le combat sans le rencontrer et ceux qui étaient restés et ne le cherchaient point, avaient failli le trouver. Tels sont les jeux de la guerre et du hasard.

Notre périlleux itinéraire se poursuivait. Nous étions presque côte à côte avec les Prussiens. A Moislains, les Français disputèrent la nuit ce cantonnement à l'ennemi ; à Caulaincourt, comme je l'ai déjà raconté, nous étions obligés d'être fort vigilants. Ignorants des derniers événements de la campagne, la plupart des soldats se croyaient complètement cernés par les Allemands, en garnison à Amiens, la Fère, Ham, Péronne, cantonnés à Corbie, Albert, Saint-Quentin. Mais nos troupes avaient occupé Albert sans coup férir et Saint-Quentin tombait le 15 janvier aux mains du colonel Isnard.

Le général Faidherbe explique avec une grande autorité et une grande précision la réalité et la gravité de la situation: « Nous savions que la garnison de Paris allait faire un grand et suprême effort ; un télégramme de Bordeaux envoyé par M de Freycinet, en l'absence de M. Gambetta, avait averti le général Faidherbe que le moment d'agir vigoureusement était venu ; il importait surtout d'attirer sur nous le plus de forces possible de Paris. Le général Faidherbe, intimement convaincu de cette nécessité, crut qu'il arriverait à ce but en se dérobant à l'armée qui était devant lui par quelques marches forcées vers l'est et le sud-est, de manière à arriver rapidement au sud de Saint-Quentin , menaçant ainsi la ligne de la Fère, Chauny, Noyon et Compiègne. Il était sûr d'avoir bientôt affaire à des forces considérables, mais le moment de se dévouer était venu et il pouvait espérer d'avoir le temps, lorsqu'il se verrait menacé par des forces supérieures, de se rabattre vers le Nord en les attirant à lui , et d'aller les attendre sous la protection des places fortes... »

Le 17, les chasseurs de notre brigade délogèrent d'une contrée très-accidentée et très-boisée, à Templeux , quelques bataillons de la division Barnekow, qui s'étaient placés là pour nous barrer le chemin. Depuis ce moment, notre marche fut presque toujours inquiétée. Nos colonnes se flanquèrent de lignes de tirailleurs, et l'on tâcha de se débarrasser des uhlans qui venaient reconnaître la force des troupes françaises et la direction qu'elles prenaient. Notre brave cavalerie , malheureusement trop peu nombreuse, y réussissait assez bien et elle y avait d'autant plus de mérite qu'à distance un dragon du Nord faisait à peu près la même figure qu'un uhlan et attirait, grâce à cette fâcheuse ressemblance, les balles de nos fantassins.

Le 18 , nous entendîmes très-distinctement gronder le canon à des intervalles très-rapprochés. Evidemment on se battait. Le désir de tout le monde était de marcher au canon, afin d'en finir. En effet, une brigade du 22ᵉ corps avait été aux prises avec l'ennemi ; le 23e l'était encore. L'ordre vint de partir ; puis le soir tomba , le canon se tut et nous dûmes rebrousser chemin , retourner à Essigny-le-Grand prendre notre cantonnement. Quelques uns pensaient que la bataille recommencerait le lendemain ; beaucoup d'autres, et j'étais de ces derniers , la croyaient terminée ; on disait même que les Français avaient eu l'avantage. Notre général en chef donne en deux mots la situation exacte : « Ce qui venait de se passer le 18 prouva que la concentration des forces prussiennes était déjà trop complète pour qu'il fût possible de tenter une marche vers le Nord, afin d'aller s'appuyer aux places fortes ; on était obligé d'accepter la bataille autour de Saint-Quentin.... La cause de cette avance de l'armée prussienne sur nos prévisions , c'est que le général Van Gœben , en apprenant la reprise de Saint-Quentin par le colonel Isnard, s'exagéra l'importance de ce fait.... Il crut à l'existence de forces considérables autour de Saint-Quentin et commença son mouvement vers l'est, même avant de connaître notre propre mouvement dans cette direction. »

Elle allait sonner pour nous , cette heure fatale de la suprême angoisse nationale ; cette date néfaste du 19 janvier était arrivée à échéance , expiation cruelle de cette autre date où l'Empire corrupteur donnant ses libertés menteuses aveuglait tout le pays, lui jetant à la face le dénombrement flatteur d'une force factice et le tableau chargé d'une apparente prospérité. Comme la royauté semblait être montée sur l'échafaud le 21 janvier 1793, en la personne d'un roi, la France elle-même semblait, le 19 janvier 1871, dévouée au dernier supplice en subissant l'égorgement de ses dernières armées : défaite de Faidherbe ; retraite de Chanzy ; désastre de Bourbaki ; Paris lui-même, l'héroïque capitale, sortant pour aller à Montretout recevoir un coup mortel !

Lorsque, à un an de distance (bientôt reviendra ce terrible anniversaire), on songe à cette époque où Paris maudissait la Province qui ne venait pas le secourir, où la Province maudissait Paris ou bien parce qu'elle trouvait sa résistance trop prolongée ou bien parce qu'elle ne croyait pas à la réalité des efforts des Parisiens ; lorsqu'on force sa pensée à se reporter à ces temps funèbres où il était presque permis de s'écrier à l'imitation de l'héroïque polonais : *finis Galliæ !* et lorsqu'ensuite on considère la France actuelle, veuve de deux provinces, il est vrai, endettée par milliards, accablée d'impôts comme de lassitude, mais en paix avec l'étranger, pacifiée aussi à l'intérieur, après la plus horrible des guerres civiles, mise à l'abri pour un moment des conspirations monarchiques, occupée à faire tranquillement et sincèrement l'essai d'institutions nouvelles, à panser ses plaies, à relever ses ruines, à refaire son armée, son armement, à recommencer à produire, à commercer, à penser, à espérer, on se laisse aller peu à peu à oublier le sombre tableau de janvier 1871 pour caresser l'espoir de janvier 1872, et on est prêt à s'écrier, comme dans ces vers :

« Espérons ! Nous verrons , en son tombeau, la France,
Comme un nouveau Lazare un jour ressusciter.
La France donnera ce spectacle aux deux mondes
D'une nation sortant de ténèbres profondes
Pour ressaisir soudain le flambeau respecté
    Du droit et de la liberte ! »

On est pénétré d'admiration tout d'abord pour l'inépuisable vitalité de notre belle patrie, puis, malgré les fautes de son passé, les défaillances mêmes de son présent, pour l'illustre vieillard qui préside à nos destinées nouvelles, personnalité puissante, esprit élevé et patriotique.

Cette grande guerre entre la France et l'Allemagne pouvait-elle avoir un autre dénouement ? Pouvions-nous vaincre, ou du moins, ne pas être vaincus ? Pouvions-nous conserver la partie la plus riche, la plus intelligente , la plus patriotique de la nation , l'Alsace et la Lorraine ? Pouvions-nous voir Paris, glorieux de sa résistance, confiant dans ses chefs, rester uni au gouvernement et au reste de la France, et ne pas perdre un instant la noble couronne qu'il est impossible de lui enlever à jamais, sa couronne de capitale naturelle, historique, patriotique de notre pays ? Pouvions-nous éviter après la honte de l'invasion, la honte plus profonde encore et plus triste d'une occupation prussienne ? C'était-là le sujet de notre conversation avec le docteur d'Essigny, le soir du 18 janvier. Républicain de la vieille roche, dans son cœur ardent et héroïque , le docteur avait conservé toutes les fois, toutes les espérances : il comprenait bien le système, malheureusement impraticable en janvier 1871, de la résistance à outrance ; il voyait avec stupeur le découragement et la lassitude, pour ne pas dire le désespoir, dans tous les rangs de notre armée ; il ne concevait pas l'habitude de reculer, de battre en retraite ; de ne pas se défendre derrière chaque buisson, derrière chaque motte de la terre natale ; de ne pas conserver un coup de fusil pour chaque ulhan téméraire, un coup de pioche pour chaque prussien isolé. C'était là la grande tradition de 1792 Mais on pouvait s'écrier avec le poëte : « Que les temps sont changés ! » En me reposant à ce foyer hospitalier, en m'asseyant à cette table abondamment fournie où le docteur fêtait avec tant de joie des défenseurs de son pays, en attendant d'aller trouver la couche moelleuse destinée à nous faire oublier toutes nos fatigues, je voulus esquisser à grands traits la situation désespéré où se trouvait la France. Moi, qui avait partagé tous ces enthousiasmes, toutes ces illusions, moi qui avait rêvé tous ces héroïsmes, toutes ces luttes et qui chaque jour modifiais mes idées de la veille, je tâchai d'atténuer cette grande espérance qui me faisait peine dans ce citoyen si brave et si intelligent. Le docteur se rendit à mes discours. Je ne pensais pas cependant avoir si pleinement raison. Dans la nuit, on nous apportait un ordre disant qu'il fallait partir le matin avant l'aube, sans faire le moindre bruit, sans laisser le moindre traînard, les ulhans devant occuper le village immédiatement après le départ des troupes françaises. La nuit suivante, après avoir fourni une retraite de plusieurs lieues, nous nous couchions à la grâce de Dieu dans des villages dont les habitants nous pressaient de fuir pour éviter les cavaliers ennemis à la poursuite de l'armée française en déroute.

Il faisait encore nuit, le 19 quand il nous fallut partir. Le repos qui m'avait été donné n'avait pas suffi à mon corps ni à mon esprit ; aussi j'eus une sorte de défaillance en me levant ; mais j'étais habitué à surmonter toutes mes faiblesses, et, heureusement je surmontai encore celle-là. Il me fallait pour toute cette journée une grande énergie physique et morale pour supporter la marche, une lutte longue et pénible, une retraite plus longue et plus pénible encore.

Vers huit heures, nous étions à Gauchy. Nous y déjeûnions à tout événement. Je me souviendrai toujours avec une profonde reconnaissance de la côtelette de mouton qui me fut alors offerte et de celui qui me l'offrit : cette côtelette m'a sans doute sauvé la vie ; sans elle, je n'aurais pas eu la force d'aller jusqu'au bout de cette journée si pleine d'efforts et de fatigues. Nous finissions à peine de manger, lorsqu'on donna l'ordre de se rassembler en toute hâte. L'ennemi était signalé. Bientôt après, nous étions en bataille près du *Moulin à-tout-vent*, en soutien de la batterie Collignon. Ce fut pendant quelque temps un combat d'artillerie. Les collines s'enflammaient ; tous les échos retentissaient de ce fracas formidable, et derrière nous une fabrique de sucre continuait, comme si rien d'extraordinaire ne se passait, son travail quotidien. Les pieds dans la boue, nous examinions l'ensemble du spectacle avec un intérêt croissant.

Le colonel passe près de moi et me dit : « *C'est une grande bataille !* » Et, en effet, c'est une grande bataille ; tous les régiments doivent entrer dans la fournaise pour tenter un effort suprême. A notre tour, nous recevons l'ordre de marcher en avant. Nous allons, et, malgré la boue de ce terrain marécageux que la pluie a encore détrempé, nous marchons à la rencontre de l'ennemi avec un véritable entrain.

On se déploie en tirailleurs ; la fusillade commence, nourrie, incessante. Nous sommes à environ un kilomètre de notre première position. Le feu des Français s'accentue de façon à nous prouver que partout on s'avance de même. Nous nous maintenons sur les hauteurs avancées de Gauchy. Plusieurs de nos camarades sont déjà tombés, mais en ce moment d'excitation et de fièvre notre pensée ne peut s'arrêter sur les pertes terribles que nous subissons. La lutte n'est pas terminée, loin de là Le commandant Paulet (*) nous donne l'exemple du courage s'oïque, impassible L'adjudant-major et l'adjudant (**) de notre bataillon sont tous deux blessés. Commandant ma compagnie, je vais avec elle trois fois en avant, presque côte à côte avec le lieutenant de la cinquième compagnie (***) qui commande aussi. (Il devait

(*) Nommé officier de la Légion d'Honneur.
(**) Nommé officier de la Légion d'Honneur.
(***) M. Watebled, nommé chevalier de la Légion d'Honneur et M. Piette.

périr à la fin de cette fatale journée !) Nous sommes à quelques dizaines de mètres seulement des ennemis ; nous avons sous les yeux leurs morts , leurs blessés ; nous nous disputons sur le même champ de ces monticules qui servent de silos, et, dans le lointain, sur les collines opposées, nous voyons les colonnes prussiennes , comme d'énormes et noirs serpents, marcher contre nous. « Les hauteurs avancées de Gauchy, dit le général en chef, furent assaillies six fois par des troupes fraîches qui se renouvelèrent sans cesse ; six fois nos soldats, animés par le courage et l'intrépidité du colonel Pittié, repoussèrent ces assauts. »

A la fin , le colonel Pittié se trouve , ainsi que son officier d'ordonnance, sur le même terrain que notre bataillon ; il cause avec le capitaine Gastumeaux (*) de la première compagnie. A ce même moment, les ennemis se resserrent sur nous et nous en apercevons qui débouchent sur notre droite et derrière nous, sous un pont du chemin de fer. Rangés en bataille, nous attendons. Le colonel Pittié s'écrié : « Mes amis, nous sommes encadrés. » Il veut dire que bientôt nous allons être complétement cernés : il faut battre en retraite. L'artillerie ennemie, si nombreuse, tonne contre nous ; les obus labourent ce terrain boueux, mais rencontrent le fond durci par la gélée et éclatent. Pour nous achever, dans cette situation terrible , un escadron ennemi se

(*) M. Hippolyte Gabé, dont j'ai déjà eu l'occasion de parler.

lance sur nous à toute bride. Le colonel Pittié et son officier d'ordonnance arrêtent nos hommes derrière un repli de terrain ; tous ceux qui ont encore des cartouches à brûler apprêtent leurs armes, et une seule décharge met le désordre dans l'escadron qui n'est plus qu'à quelques pas de nous au sommet de la colline, et le force à faire demi-tour. Notre brigade en trois colonnes gravit une forte colline et regagne les abords de Saint-Quentin du côté du Moulin-à-tout vent. Les boulets, les obus et les balles des Prussiens ont beau jeu contre nous. Les artilleurs ennemis rectifient leur tir de manière à mettre le trouble dans nos colonnes, arrêter notre mouvement de retraite et le changer en déroute. Nous avançons cependant au milieu de cette grêle de mitraille. Un obus éclate à quelques mètres derrière moi, et l'un de ses éclats déchire mes vêtements. La grandeur du danger ne me laisse à l'égard de cet incident qu'une indifférence résignée. En avant de nous brûle une meule derrière laquelle des blessés s'étaient traînés pour trouver un abri. Notre artillerie, heureusement, reste bravement à son poste et protége la retraite.

J'entre dans le faubourg d'Isle en même temps que le colonel de Laprade, le commandant Paulet, les capitaines Gastumeaux et Mouciaux, les lieutenants Basquin, Semail, Lanciaux, et beaucoup de mobiles qui ont usé toutes leurs cartouches en se battant avec courage. (On ne distribua pas de cartouches sur le champ de bataille. Le fourgon de notre bataillon fut emmené dès le commencement de la journée.

« Dans cette lutte , dit le général en chef , les mobiles du 91me et du 46me, *malgré l'infériorité de leur armement*, rivalisèrent de courage avec les troupes de ligne, animés par l'exemple de la plupart de leurs officiers et principalement de leurs chefs de corps MM. Povel et de Laprade.... A la nuit, du côté de l'Ouest comme du côté du Sud, nos troupes, épuisées par une journée entière de combat succédant à trois journées de marches forcées et d'escarmouches par un temps et des chemins épouvantables se trouvaient rejetées sur Saint-Quentin par un ennemi dont le nombre augmentait à chaque instant par les renforts qu'il recevait de Rouen, d'Amiens, de Péronne, de Ham, de Laon, de La Fère, et enfin de Beauvais et de Paris. La retraite fut alors ordonnée au 22e corps par la route du Câteau, et au 23e par celle de Cambrai. »

Quand nous étions au faubourg d'Isle , la journée n'était pas terminée pour nous ; nous devions voir encore sa partie la plus triste, la plus lugubre, la retraite. Et d'abord, les Prussiens entrèrent dans la ville presque en même temps que les Français. A l'essai de barricade du faubourg d'Isle se trouvaient les généraux Derroja, Lecointe.... éperdus. Ils contraignaient les mobiles qui étaient restés là à apporter des pavés ou n'importe quel objet à la barricade qui devait couper la grand'route Le général Derroja répétait : « Créez des obstacles ! » Mais ces obstacles-là étaient complètement inutiles, et surtout , défendus par des troupes démoralisées, épuisées et sans munitions. La retraite est commandée. Les généraux s'éloignent avec leur escorte au grand galop, et nous, qui ne pensions plus qu'à mourir au poste où on nous laissait, nous les suivons. Nous passons un pont qui relie le faubourg à la ville, au milieu d'une véritable pluie de balles ; mais nous allons avec une rapidité de fantômes. Pendant notre passage, une balle s'aplatit sur le sabre du capitaine Monciaux, près de moi. Nous traversons cette ville, ensevelie dans les ténèbres et l'épouvante, et sur laquelle tombent déjà les obus. Une maison s'écroule au moment même où nous passons. Nous arrivons au boulevard et, heureusement, les projectiles tombent tous sur le côté opposé. Des soldats mourant de faim défoncent une caisse de biscuit restée en arrière du convoi de l'armée. Nous ne voyons pas un habitatant, pas une maison ouverte, et nous marchons toujours du même pas nerveux et pour ainsi dire mécanique, au milieu de ce pê'e-mêle de tous les régiments et de tous les grades qui forme notre colonne de retraite. Cette retraite, est-elle possible ? N'est-ce pas ici le Sedan de l'armée du Nord, c'est-à-dire sommes-nous réduits à cette extrêmité de capituler ou de périr ? Telle est l'affreuse question que beaucoup d'entre nous se posent. Nous gagnons le canal, nous passons un pont sans encombre ; le flot de l'armée roule et se précipite : nous sommes sauvés.

« Il resta entre les mains de l'ennemi, dit le général Faidherbe, trois ou quatre petits canons de montagne qui se trouvaient en position au faubourg d'Isle et deux pièces de 4 abandonnées dans la ville. Cette artillerie appartenait à la petite colonne auxiliaire qui était entrée à Saint-Quentin l'avant-veille. Mais les quinze batteries de campagne de l'armée du Nord furent ramenées intactes à Cambrai avec leurs caissons et notre convoi…. L'ennemi eut, d'après nos informations, dans les journées des 18 et 19, à Vermand et à St-Quentin, environ 5,000 hommes hors de combat, et nous environ 3,000 seulement. Cela tient à ce que nos coups portaient sur des masses de troupes doubles des nôtres. Grâce aux traînards qu'il ramassa sur les routes les 20 et 21, l'ennemi dût avoir entre ses mains le surlendemain de la bataille plus de 6,000 prisonniers, la plupart mobiles et mobilisés ; mais la moitié se sauva et rejoignit les corps au bout de quelques jours. »

Pour empêcher le découragement de gagner l'armée, le général en chef lui adressa, le 21 janvier, l'ordre du jour suivant :

« Soldats, c'est un devoir impérieux pour votre général de vous rendre justice devant vos concitoyens. Vous pouvez être fiers de vous-mêmes, et vous avez bien mérité du pays

» Ce que vous avez souffert, ceux qui ne l'ont pas vu ne pourront jamais se l'imaginer, et il n'y a personne à accuser de ces souffrances, les circonstances seules les ont causées.

» En moins d'un mois, vous avez livré trois batailles et plusieurs combats à un ennemi dont l'Europe entière a peur. Vous lui avez tenu tête ; vous l'avez vu reculer maintes fois devant vous, vous avez prouvé qu'il n'est pas invincible et que la défaite de la France n'est qu'une surprise amenée par l'ineptie d'un gouvernement absolu.   3.

» Les Prussiens ont trouvé dans de jeunes soldats à peine habillés et dans des gardes nationaux des adversaires capables de les vaincre. Qu'ils ramassent vos traînards et qu'ils s'en vantent dans leurs bulletins , peu importe ! Ces fameux preneurs de canons n'ont pas encore touché une de vos batteries.

» Honneur à vous !

» Quelques jours de repos , et ceux qui ont juré la ruine de la France nous retrouveront debout devant eux. »

Le général Faidherbe , avec son escorte, arriva à Cambrai avant la nouvelle de la défaite de son armée. Quand il fut arrivé à l'hôtel où il lui était enfin permis de prendre un peu de nourriture et de repos, on dit qu'il versa d'abondantes larmes. Ce n'est point là une faiblesse. Les circonstances étaient assez tristes , le désastre était assez grand pour qu'il ne fût point interdit de pleurer. C'est un tableau à la fois grandiose et émouvant, s'il est vrai, que celui de ce général en chef qui ne peut retenir ses larmes devant l'étendue de son malheur et des dangers de la patrie, devant la ruine de ses légitimes espérances. C'est ainsi qu'Auguste , dans le silence des vastes appartements de son palais, pleurait et criait , demandant à tous les échos les légions qu'il avait perdues dans les forêts de la Germanie.

— Quant à moi, je ne pus aller jusqu'à Bohain ; je m'arrêtai avec plusieurs de mes camarades dans un petit village, à Fontaine-Utertre, où se trouvaient aussi beaucoup de mobilisés. J'eus le bonheur de trouver un lit que je partageai en frère avec un lieutenant de mon bataillon qui n'avait pas pu plus que moi fournir une plus longue retraite. Cette nuit, ou plutôt ces quelques heures de sommeil, nous rendirent des forces et nous pûmes le lendemain quitter le village à l'aube, gagner Frasnoy-le-Grand et Bohain, et là prendre le dernier train qui emportait les troupes françaises.

Un capitaine de notre bataillon (·) rendit à cette époque à l'armée du Nord le service le plus important qu'il fût possible de lui rendre : il s'informa auprès du chef de gare s'il avait reçu des ordres pour le transport des troupes, et prit sur lui de faire la réquisition nécessaire en pareil cas. Il sauva ainsi de la déroute et de la captivité une fraction considérable de notre armée. (··)

Le 20, dans la matinée, j'étais donc à Cambrai, me rapatriant avec les mobiles du 46me, et m'informant du point de ralliement qui nous était assigné. Point d'ordre précis, mais des ordres contradictoires. Je me résignai à aller au Câteau qu'on m'avait indiqué comme lieu de réunion du 22me corps. J'y passai la nuit, et je partis deux heures environ avant l'arrivée d'un détachement prussien, et, toujours à une distance à peu près pareille des coureurs ennemis , je me dirigeai sur Valenciennes, sans être bien certain que ce fût là qu'il fallait rejoindre les débris du régiment. En effet, le

---

(·) M. Mouciaux. Il n'est pas encore décoré

(··) J'appris alors que M. Crucis, de Felleries, le brave capitaine des volontaires du premier bataillon, avait été grièvement blessé. Il est à peine guéri aujourd'hui. Chevalier de la Légion-d'Honneur.

46me était à cette époque censé en cantonnement à Achicourt, un des faubourgs d'Arras. Le 21, dans la nuit, je me jetais dans les bras de mon père ; je racontais tous nos malheurs ; je disais nos dernières espérances ; je secouais la boue du champ de bataille , et m'apprêtais à de nouvelles épreuves. Le lendemain matin , je repartais pour Arras. fidèle au 46me de marche, baigné des larmes paternelles , mais emportant ces réconfortantes paroles : « J'aime mieux te voir tué que déshonoré. »

CHAPITRE X.

L'Armistice.

> « L'homme qui ne peut que par le nombre, qui n'est fort que par sa réunion, qui n'est heureux que par la paix, a la fureur de s'armer pour son malheur, et de combattre pour sa ruine : excité par l'insatiable avidité, aveuglé par l'ambition encore plus insatiable, il renonce aux sentiments d'humanité, tourne toutes ses forces contre lui-même, cherche à s'entre-détruire, se détruit en effet, et après ces jours de sang et de carnage, lorsque la fumée de la gloire s'est dissipée, il voit d'un œil triste la terre dévastée, les arts ensevelis, les nations dispersées, les peuples affaiblis, son propre bonheur ruiné, et sa puissance reelle anéantie. »
>
> BUFFON.

SOMMAIRE :

Achicourt. — Vie de château. — Visite d'un parisien. — La défense de Landrecies. — De la possibilité de continuer la guerre — Les élections pour l'Assemblée Nationale. — Départ pour Dunkerque. — Embarquement pour Cherbourg. — La traversée. — Cherbourg — Saint-Lô. — Les bords de la Vire. — La paix. — Les bonapartistes et leurs paradoxes. — Anecdote. — Le préfet de la Manche — Les adieux.

Peu à peu les traînards, les prisonniers échappés aux mains des Prussiens, les enfants attardés au foyer paternel rentrèrent au régiment qui se reforma plus vite qu'on ne l'aurait cru d'abord, grâce à de nouveaux éléments envoyés du dépôt et à de nouveaux officiers venus de l'armée active. Des sergents-majors et des sergents de la ligne, promus sous-lieutenants dans leurs corps, devinrent provisoirement capitaines dans la mobile. Je ne m'arrête pas à ce que le principe avait de désobligeant pour la jeune armée bourgeoise ; je constate seulement que les nouveaux capitaines, (nouveaux parmi nous , mais nos anciens par l'âge) , firent assez bon ménage avec les officiers sortis des rangs de la mobile. Ces derniers avaient de plus la consolation de pouvoir citer plusieurs d'entre eux qui pour l'aptitude militaire, pour le métier en un mot, n'avaient rien à envier à des hommes qui avaient passé une grande partie de leur vie dans les casernes et dans les camps.

Chaque jour, nous nous attendions à être attaqués par l'ennemi qui se massait à une certaine distance d'Arras avec l'intention présumée d'en faire bientôt le siége. Peu de jours après la bataille de Saint-Quentin , un parti ennemi s'était avancé jusqu'aux portes mêmes de la ville et l'avait mise en émoi, tout en se retirant avec pertes devant le feu des mobiles du 48ᵉ bis. — Chaque jour , nous faisions des reconnaissances dans les environs , mais nous pensions avoir bientôt à nous retirer devant d s forces supérieures et à rentrer dans la place pour prendre part à sa défense, c'est-à-dire pour résister jusqu'à la destruction plus ou moins complète de la ville et augmenter alors le nombre déjà si considérable. des prisonniers français. L'induction est un raisonnement qu'il faut repousser complétement, ou bien la destinée que je viens de dire devait être notre partage, si nous ne trouvions pas la mort dans les escarmouches qui précéderaient 1 siège ou pendant le siége même. Cette destinée n'avait-elle pas toujours été, dans cette malheureuse campagne, celle des troupes qui se trouvaient enfermées dans une ville.

Nous avions quelques loisirs, malgré nos occupations et nos préoccupations multiples. Les uns les employaient à se promener au village ou en ville, même à chasser ; les autres causaient, et le sujet de ces conversations était le système de défense de M. Gambetta, la possibilité ou l'impossibilité de continuer la guerre. Notre colonel était loin d'être un partisan fanatique du dictateur, comme on appelait alors M. Gambetta, cependant il avait l'habitude de dire qu'avec du courage et une trique on viendrait à bout de reconduire les Prussiens jusqu'à la frontière.

Sans doute si tous les Français avaient eu la résolution et l'intrépidité de notre chef de corps, une pareille entreprise aurait été non seulement possible, mais facile. Il faut dire, malgré toute la prose et tous les vers dépensés par le chauvinisme, que le courage est bien une qualité éminemment française, mais tous les membres de la nationalité française n'en sont pas pourvus au même degré : c'est une qualité collective, mais tous les individus n'y participent point. Ce qu'on a vu de plus merveilleux en matière de courage individuel, c'est l'entreprise de ces Vendéens fanatiques qui, prenaient les canons de la Révolution n'ayant d'autres armes que de simples gourdins ; cependant je doute que ces mêmes hommes, s'ils revenaient sur terre et s'ils avaient à conquérir une batterie de canons se chargeant par la culasse soutenue par des bataillons armés de fusils à aiguille, auraient encore le même succès.

Un beau matin , nous apprenons qu'un officier prussien avec son ordonnance est venu en parlementaire, qu'il a été arrêté par notre grand'garde et qu'il a bien voulu communiquer à nos hommes qu'un armistice de vingt jours était signé et qu'il allait faire part de cet événement au général en chef. Le lendemain , nous avions la confirmation de cette nouvelle, à la fois bonne et mauvaise, bonne parce que notre périlleuse existence allait finir pour faire place à une façon de vivre plus paisible , mauvaise , parce que la France était obligée de s'avouer vaincue et , poussée par les hommes qui voulaient la paix à outrance, de subir non seulement la volonté du vainqueur, mais encore jusqu'à ses fantaisies et ses insultes.

Pendant l'armistice, la discipline ne se relâcha point au 46ᵉ : tous les jours nous faisions l'exercice et nous vaquions aux occupations qui nous étaient habituelles en temps d'hostilités. On peut rendre justice à notre régiment en disant qu'il manœuvrait presque aussi convenablement qu'une bonne troupe de ligne et avait acquis une véritable discipline, un peu troublée, il est vrai, par les recrues du dépôt.

En dehors de ces occupations militaires , notre vie était

assez heureuse et même comportait un certain luxe. J'occupais avec plusieurs officiers une villa momentanément délaissée par son propriétaire et veuve de presque tout son mobilier. Nous y menions la vie de château , avec un nombreux domestique composé de nos ordonnances. Notre chef de cuisine surtout , que nous appelions le père *la Chique* , nom assez pittoresque , comme le lecteur peut s'en apercevoir, était un gaillard vraiment réussi : il faisait flèche de tout bois et nous ne pouvions l'empêcher de s'affubler d'une culotte et d'une veste empruntée à la garde-robe de notre hôte. Le fidèle Thomas, que j'avais eu le bonheur de retrouver à Achicourt et que je traitais comme un frère d'armes , appartenait également à notre maison. Nous faisions revenir de la ville des journaux et la plupart de nos provisions. Nous recevions des visites de parents et d'amis ; nos visiteurs nous apportèrent parfois de quoi fournir au superflu de notre ordinaire quotidien.

Nous eûmes des nouvelles rétrospectives du siége de Paris et du siége de Landrecies. Un parisien , un des premiers échappés de notre malheureuse capitale, nous raconta ce qu'on sait maintenant si bien par les discours du général Trochu et la polémique qu'ils suscitèrent ; il nous affirma aussi, ce que nous n'eûmes pas de peine à croire, que les Parisiens étaient toujours aussi fermement attachés à la forme de gouvernement qu'on appelle la République.

Mon père me raconta le siége de Landrecies, interrompu si à propos par l'armistice. On n'en doit pas moins rendre hommage à cette petite ville courageuse que les Prussiens ont appelée, dit-on (*), *petite ville meurtrière*. Sa résistance a épargné à une partie du département du Nord, probablement à tout l'arrondissement d'Avesnes, la honte, les tristesses et le dommage matériel qui ont accompagné ailleurs l'occupation étrangère. Landrecies a fait son devoir. Ses habitants ont le droit d'en être fiers et de le dire hautement; ils doivent en même temps toute leur gratitude à leurs défenseurs appartenant ou non à la garnison. On ne sait pas ce qui serait arrivé si l'armistice n'était intervenu, mais il est permis de supposer que le dévouement et le patriotisme auraient achevé l'œuvre si heureusement commencée et que Landrecies n'aurait pas failli à son passé, aux glorieuses traditions de 1793.

Pendant l'armistice, le général Faidherbe fut interrogé par le ministre de la guerre sur ce point : peut-on continuer la guerre ? — La réponse du général ne fut pas favorable à la continuation des hostilités, du moins pour la région du Nord. Je renvoie à cet important document, dont je donne seulement l'un des derniers alinéas... « *Si la guerre devait continuer*, il serait peut-être bon, pour la soutenir dans *l'Ouest de la France et dans le Midi, contrées dont j'ignore les ressources militaires*, de tirer de la région du Nord une dizaine de bonnes batteries de campagne aguerries et habituées à tenir tête aux Prussiens. »

(*) Se reporter à la relation du siége de Landrecies par M. Deloffre. En vente chez Eliet-Lacroix.

C'est sans doute d'après cet avis que le 22e corps, fort de 18,000 hommes et six batteries d'artillerie furent embarqués à Dunkerque pour aller rejoindre l'armée de Cherbourg.

Avant de partir pour Dunkerque, nous devions faire nos adieux à Achicourt et même, avant de quitter cette localité, célèbre par ses ânes, comme Montmorency, et par les légumes magnifiques qu'on y cultive, mais où, malgré tous ces avantages, nous commencions à nous ennuyer mortellement, nous devions aussi contribuer à envoyer à Bordeaux des représentants du pays pour y traiter de cette grave question de la paix ou de la guerre. On pensait bien, à cette époque, à la réorganisation du pays, aux lois et aux mesures urgentes nécessitées par le cataclysme qu'on venait de traverser, mais vaguement, et personne n'auraient pu augurer que nos représentants se trouveraient si bien sur leurs chaises curules, à Bordeaux et plus tard à Versailles, qu'ils se proclameraient souverains, constituants, éternels, etc...

Plusieurs personnes m'ont reproché de faire trop de politique dans un opuscule qui ne devrait contenir que le simple récit des vicissitudes de notre vie militaire. Qui ne voit que la politique s'imposait à nos préoccupations ; qu'on nous jetait pour ainsi dire malgré nous dans l'arène des discussions en nous demandant nos votes ? Quand donc la Constitution de notre pays sera-t-elle assez sagement faite pour interdire absolument le scrutin à deux sortes de citoyens : le prêtre et le soldat, au premier, dans l'intérêt de la religion qui sera d'autant plus respectée qu'on verra d'une façon plus sensible que le royaume des cieux ne s'immisce pas dans les affaires des états terrestres ; (Qu'est le Clergé dans l'Etat ?—Tout. Que doit-il être ?—Rien dirait Sièyes.) Au second , dans l'intérêt de la discipline et aussi pour éviter d'avoir une armée de prétoriens ou de rebelles tout prêts pour les 2 décembre et les 18 mars ?

Un officier de notre régiment alla chercher à Lille des bulletins de toutes les couleurs , blancs , bleus , rouges. Ces bulletins furent mis à la disposition des officiers et des soldats. Avant le vote , je fis quelques recommandations , ou plutôt je donnai quelques avis et quelques explications tout à fait impartiales aux hommes de ma compagnie. Je ne voulais pas les laisser aller au scrutin en aveugles, comme beaucoup de membres du grand corps électoral , lorsqu'il était en mon pouvoir de les éclairer. « Tel bulletin contient tel et tel nom. Ce sont des hommes dont vous avez déjà entendu parler et que vous appréciez comme il vous plaît. Cet autre bulletin contient tel et tel nom que vous connaissez ou que vous ne connaissez pas ; moi même , qui me suis occupé plus particulièrement de la politique, je n'en connais pas la moitié. Il y a là des comtes , des vicomtes et des barons. Voyez s'ils vous conviennent. Vous pouvez en prendre et en laisser, ou bien déposer dans l'urne l'un des trois bulletins sans y rien changer. Votre vote est complétement libre, soyez-en bien convaincus. » Telles furent à peu près les paroles que je prononçai , dans cette mémorable occasion , répétant, pour la liberté du vote , ce que disait déjà en très bons termes un ordre du jour du colonel. Le résultat fut celui qu'on pouvait prévoir : le grand nom de M Thiers fut l'or qui fit passer la pilule conservatrice et cléricale , les hommes du fameux parti de l'ordre et de la paix, sans couleur, sans drapeau , devenus aujourd'hui presque tous , par une sorte de prodige, légitimistes, monarchistes, adversaires convaincus de l'homme qui les avait entraînés à sa remorque. Les républicains, eux, avaient eu le tort de se présenter sous leur véritable nom , et comme république paraissait synonyme de guerre à outrance, échouèrent avec ensemble. Quelques chiffres sont bons à noter.

M. Thiers qui , au scrutin du 46ᵉ , obtint le plus grand nombre de voix , en eut 961 ; après lui vinrent MM. Brame (882) ; de Marcère (862) ; Lambrecht (860) ; je cite ensuite *passim* MM. Jules Favre (565) ; de Melun (562) ; de Mérode (548) ; Testelin (333) ; Guillemin (245) ; Faidherbe * (10) ; Gambetta (5) ; Ducrot (5) ; Hamoir (2) ; le marquis d'Havrincourt (1) et le duc d'Aumale (1).

Nous partîmes pour Dunkerque, ou nous arrivâmes en quatre étapes : de Douai à Béthune , Hazebrouck , Wormhoudt et Dunkerque. Nul régime n'est plus salutaire que l'étape pour le corps , l'esprit et le cœur. On est toujours occupé, partant toujours à l'abri des tentations et des fautes. On part de bon matin, tout alerte ; on arrive à la grande

(*) Le général en chef avait refusé toute candidature et n'était sur aucune liste. Même observation pour les suivants.

halte avec un appétit féroce ; on charme les longueurs du chemin par une conversation vive et intéressante, ou même de savantes dissertations ; on arrive à l'étape presque sans y songer, mais les pieds gonflés, les jambes fatiguées, le corps moulu ; on se débarrasse de la poussière de la route ; on soupe et on se jette à la hâte sur un lit où l'on s'endort bientôt d'un sommeil de plomb, pour se réveiller de bonne heure et recommencer ce qu'on a fait la veille ; mais à travers un autre pays qui vous découvre de nouveaux panoramas, de nouveaux habitants, de nouvelles mœurs.

A Wormhoudt, je logeai chez le vicaire, un prêtre selon le cœur de Dieu, d'une affabilité évangélique. Sa bibliothèque ne renfermait que des livres pieux, et on a dit que la bibliothèque, c'est l'homme. Il avait peut-être le tort d'aimer à causer politique, mais il en parlait avec tant de tolérance, de véritable charité chrétienne, de douceur, qu'il serait à désirer que toutes les conversations du même genre ressemblassent à celles qu'on a avec ce digne vicaire.

Plusieurs mobiles pensaient que c'était dans cette localité que se fabrique le *vermouth* : c'est évidemment une erreur géographique considérable, causée par une assonance, puisque le meilleur vermouth vient de Turin : *Vermut di Torino.*

Aux environs de Cassel, je passai une soirée dans une famille de paysans flamands : ils entendaient à peine le français ; aussi j'eus tout le loisir d'admirer la propreté merveilleuse, le silence religieux, le calme profond, la piété douce de ces bonnes gens. J'en vins à penser à la parole du Christ : Heureux les pauvres d'esprit, parce que le royaume des cieux leur appartient. Cette vie, que nous sommes tentés d'appeler une vie de mollusques, n'est-elle pas au fond préférable à la vie nerveuse, agitée, maladive de la plupart des gens du monde ?

A Dunkerque, nous n'eûmes que le temps de faire un bon déjeuner, ce qu'on dit être un préventif certain contre le mal de mer, et nous fûmes embarqués sur la frégate cuirassée l'*Invincible*, tandis que nos camarades du 1er bataillon prenaient place sur *la Revanche*.

Nous sommes embarqués, nous sommes en pleine mer, contemplant deux infinis : le ciel, l'eau. Un spéculateur de nos jours disait en voyant l'océan : « Que c'est beau ! mais que de terrain perdu ! » Tout le monde n'est pas aussi prosaïque que ce Turcaret, et il est encore des âmes que ce magnifique spectacle élève et transporte. Malheureusement nous n'eûmes pas les émotions d'une tempête, ni même les incidents du moindre grain. La mer était plus paisible que le plus paisible des lacs, c'était ce que les marins appellent quelquefois une *mer d'huile*. Aussi, personne ne fut malade à bord. Les officiers du vaisseau firent à leurs collègues du 46e l'accueil le plus courtois. Nous trouvâmes une table abondamment et même délicatement servie. Notre lit fut moins bon. Mais c'était pour une seule nuit et nous n'avions par encore repris nos habitudes sybaritiques de la vie bourgeoise. Chacun s'arrangea à sa façon : l'un sur un divan, l'autre sur un fauteuil , un troisième sur une chaise ; un autre encore par terre ; quelques-uns même ne dormirent pas du tout et restèrent sur le pont à regarder la mer , puis les feux de Douvres , puis , vers le matin , la côte où bientôt nous allions aborder.

Cherbourg ! voilà Cherbourg ! Que de souvenirs nous rappelait cette ville ! Quelle histoire gigantesque ! Napoléon 1ᵉʳ réalisant en 1808 toutes les merveilles de l'Egypte et opposant à l'Angleterre, comme une éternelle menace , l'un des plus beaux ports militaires du monde. Cet homme , si bien défini par Lamartine : « Grand par l'action, petit par la pensée, nul par la vertu », a fait Cherbourg Sa statue y est ; sa mémoire y vit.

Laissons la parole à M. Jules Janin, ce grand prosateur qui a passé une partie de sa vie à médire de l'Académie et vient enfin d'en forcer la porte, ce critique incomparable qui a eu des injustices pour toutes les grandeurs et un grain d'encens pour tous les grands. Il va nous rappeler une des principales époques de l'histoire de Cherbourg : « Qu'arrive-t-il donc ? Quel changement s'est opéré dans la fortune de la France ? N'est-ce pas dans le lointain les cendres de l'empereur Napoléon que l'Angleterre nous renvoie , l'Empereur que réclament les rives de la Seine où il demandait à dormir ? Non, ce n'est pas encore l'empereur Napoléon qui revient de son exil ; non, le dôme des Invalides ne l'attend pas encore, cette royale dépouille ! Ceux-là qu'attend le peuple de Cherbourg, ces exilés nouveaux du château des Tuileries , ils ne viennent pas, ils s'en vont du côté de l'exil ! L'exil reprend les vieux Bourbons ; ce même océan qui a transporté sur les côtes de France la famille des Stuarts et la famille des Bourbons n'a jamais été plus étonné des nouveaux vaincus que la fortune lui confie. »

Ce qui frappe le voyageur à son arrivée à Cherbourg, c'est un rocher altier et sombre, dominant la ville et le port. A son sommet est placé le fort du Roule. Montez sur ce pic et vous découvrirez le plus majestueux des panoramas. C'est sur un mont semblable que Satan dut transporter le Sauveur pour lui montrer les côteaux verdoyants, les richesses, les merveilles qu'il lui offrait. On voit à ses pieds les canaux, les bassins ; on relève les yeux, on distingue l'avant-port, les jetées et la rade ; d'un autre côté, s'étendent les vastes bâtiments de l'Arsenal et se dresse le fort du Homet, sentinelle avancée de Cherbourg.

La digue qui ferme la rade a coûté 67 millions et a une longueur de près de quatre kilomètres. La rade elle même, si bien protégée par cet ouvrage gigantesque, a une superficie de mille hectares.

Cherbourg, comme ville, n'a rien de remarquable. Du reste, nous n'eûmes pas le temps de la connaître beaucoup ; le chemin de fer nous emporta à Saint-Lô, chef-lieu du département.

Notre séjour à Saint-Lô dura environ trois semaines et fu' très-agréable pour la plupart d'entre nous. Comment ne pas se plaire dans cette jolie ville de la Basse-Normandie ? Le pays est si pittoresque, la Vire et ses bords si charmants, les habitants si bienveillants, les mœurs si douces ! Est-ce la grâce énivrante du printemps , le soleil si caressant et si pénétrant de cette jeunesse de l'année? Est-ce le repos, la quiétude succédant aux fatigues et aux alarmes de la campagne ? Est-ce tout cela à la fois qui fut cause de mon enthousiasme pour la ville de Saint-Lô ? Je ne sais ; mais si je devais m'arracher un jour à mon coin de terre flamande , à ma petite patrie bien aimée, il me semble que je l'oublierais plus vite à Saint-Lô que partout ailleurs ; je m'arrêterais volontiers sur ce riant coteau et je dirais : « C'est ici que je veux vivre. »

Nous prenions nos repas à l'hôtel du *Cheval Blanc*, l'un des meilleurs hôtels de province, et notre table était une des plus joyeuses qu'on puisse voir. Quel feu d'artifice de plaisanteries ! et quelquefois quelles discussions animées quand un sujet important surexcitait nos jeunes imaginations !

Les occupations de la vie militaire prenaient toujours une grande partie de notre temps. Quant nous avions quelques loisirs, la promenade les absorbait. Nous allions courir sur les coteaux, d'où l'on découvre si bien toute la ville et toutes les prairies qui s'étendent de chaque côté de la rivière ; nous allions choisir un site qui aurait pu convenir à un paysagiste, comme une ferme ou un château qu'une belle perspective encadrait. Quelquefois aussi nous prenions une barque et à force de rames nous nous éloignions du pont et de ces bords peuplés de maisons où l'on entend le caquetage incessant des lavandières , et , portés par ces eaux paisibles , nous allions chercher un pays plus agreste , plus sauvage, plus propre à la méditation ou au *far-niente*. Sur les bords de la Vire, nous avons cueilli les premières violettes du printemps , là aussi j'ai eu l'idée de raconter les péripéties de cette triste campagne d'hiver que nous venions de terminer, j'ai écrit l'avant-propos de ces *Souvenirs*.

L'église de Saint-Lô est une de ces belles œuvres de l'art gothique, que méprisaient les beaux esprits des deux derniers siècles , mais qui portent l'âme au recueillement ; la prière s'envole vers les cieux comme une flèche en suivant la direction de ces ogives audacieuses. Ce qu'il y a surtout de remarquable à l'église de Saint-Lô , c'est une chaire extérieure en pierre. De là sans doute on prononçait à certains jours de l'année des prières ou des chants consacrés, ou bien des moines prêcheurs s'adressaient au peuple tout entier, à ces époques de foi.

> « Où tous nos monuments et toutes nos croyances
> Portaient le manteau blanc de la virginité,
> Où, sous la main du Christ tout venait de renaître,
> Où le palais du prince et la maison du prêtre,
> Portant la même croix sur leur front radieux,
> Sortaient de la montagne en regardant les cieux ;
> Où Cologne et Strasbourg, Notre-Dame et Saint-Pierre,
> S'agenouillant au loin dans leurs robes de pierre,
> Sur l'orgue universel des siècles prosternés
> Entonnaient l'hosanna des peuples nouveau-nés. »

Si le séjour de Saint-Lô était agréable , il ne nous empêchait pas cependant de songer à la paix et au retour au pays qui devait suivre la conclusion de cette paix entre la France et l'Allemagne. Ce jour de paix arriva. Sur le rapport de M. Victor Lefranc , l'Assemblée de Bordeaux ratifia les préliminaires. Le rapporteur avait terminé en s'écriant : « Déliberez donc, Messieurs ; et quel que soit le résultat de vos méditations, il sera digne de vous et de la France. Le courage n'est pas toujours dans l'obstination et le désespoir. Les nations et les assemblées ont plus que les individus le droit de se consoler avec leur passé et avec leur conscience; et la France, autant que toute autre nation a pour devoir de réserver son avenir et sa mission dans le monde. » A la suite de la discussion, le projet de loi fut adopté à la majorité de 546 voix contre 107. Cette discussion donna lieu à un incident bien étrange. M. Bamberger , député de la Moselle, dit qu'un seul homme , Napoléon III , aurait dû signé ce traité. M. Conti s'écria : « *Napoléon III n'aurait jamais signé un traité honteux.* » Cette interruption souleva immédiatement une tempête de protestations. A la reprise de la séance , M. Target proposa une motion d'ordre qui fut adoptée et qui est ainsi conçue : « L'Assemblée nationale clôt l'incident, et, dans les circonstances douloureuses que traverse la patrie et, en face de protestations et de réserves inattendues, confirme la déchéance de Napoléon III et de sa dynastie, déjà prononcée par le suffrage universel, et le déclare responsable de la ruine, de l'invasion et du démembrement de la France. »

Cette déchéance est un arrêt de condamnation bien mérité ; elle est cependant une grave inconséquence de la part de cette Assemblée qui devait accueillir les Bourbons et considérer comme non avenues les lois de déchéance si justement prononcées par le peuple courroucé des fautes de deux monarchies.

Le 26 février 1848, le gouvernement provisoire disait : « La royauté, sous quelque forme qu'elle soit, est abolie. Plus de légitimisme, plus de bonapartisme, pas de régence. Le gouvernement provisoire a pris toutes les mesures nécessaires pour rendre impossible le retour de l'ancienne dynastie et l'avénement d'une dynastie nouvelle. La République est proclamée. Le peuple est uni. » Incontestablement les hommes de 1848 avaient tort de parler si catégoriquement. Mais le peuple consulté comme il doit toujours l'être et répondant par l'organe de ses représentants nantis du mandat formel et précis de faire une Constitution, le peuple français répondit qu'il voulait conserver la Constitution républicaine. Cette constitution fut remplacée par quoi ? Par les actes qui suivirent le coup de force de 1851, par des plébiscites et des sénatus-consultes, c'est-à-dire des actes radicalement nuls *La Constitution de 1848 subsiste virtuellement.* Comme je l'ai déjà indiqué dans une brochure intitulée : *L'Assemblée Nationale e: les Partis,* cette constitution ne peut être changée que par une Assemblée ayant le mandat formel et indiscutab'e de faire une constitution nouvelle. Voilà le droit. Quels paradoxes les bonapartistes opposent-ils à ces véritables principes du droit constitutionnel ? Ils disent:

Personne ne peut nier qu'en mai 1870 le peuple français n'ait librement accepté la constitution impériale. Par quel acte ce contrat librement passé entre le peuple français et la dynastie des Napoléons a-t-il été annulé ? Par la révolution de Paris , par le coup d'Etat du 4 septembre. Et vous , Assemblée Nationale , qui proclamez des déchéances , vous commettez une monstrueuse illégalité, puisque nul électeur ne vous a dit qu'il voulait répondre *non*, quand hier encore il disait *oui*. Consultez la nation : elle seule a le droit de nous condamner. — Le bon sens public répond à ces cyniques protestations de l'homme de Sedan. Grâce au ciel, la France, quoique tombée, n'est pas encore assez bas pour se trouver de niveau avec ces gens-là. Si on ne croit pas le moment venu pour la consulter loyalement , non par un plébiscite , procédure révolutionnaire et césarienne, mais par l'élection d'une constituante , si , dis-je, on ne croit pas ce moment venu, on se trompe ; mais il est certain pour tous les hommes de bonne foi que lorsqu'en demandera ce verdict national il sera pour les Bonaparte un verdict impitoyable.

A notre arrivée à Saint-Lô, nous avions été reçus très-cordialement par le préfet de la Manche, préfet de création gambettiste. Avant de quitter le pays nous devions apprendre que ce préfet avait été relevé de ses fonctions. Il le fut d'une façon brutale, qui ne fait pas honneur au ministère Picard. C'est de la bouche de son successeur qu'il apprit sa révocation et ce ne fut qu'après plusieurs jours qu'il put obtenir du ministère la confirmation de cette nouvelle. Il céda alors l'hôtel de la Préfecture à son successeur empressé.

La paix était conclue ; l'ordre de liciencier les mobilisés et les mobiles était arrivé ; nos camarades restés dans le Nord rentraient chez eux et nous étions toujours en Normandie. Enfin, on nous désarma et par étapes on nous renvoya dans nos foyers.

Je ne quitterai pas Saint-Lô sans rapporter une anecdote qui me fut racontée sur un de ses maires. Ce magistrat était d'une distraction vraiment fabuleuse. Quelqu'un paria de lui faire prendre sept fois du potage sans qu'il s'en aperçût. Pour la septième fois on donnait du potage à M. le Maire, il repoussa l'assiette en disant : « Merci , je n'en prends jamais ! »

La veille du départ, un punch réunit tous les officiers du 46ᵐᵉ. On fêta le retour dans les foyers ; on fit ses adieux à la ville hospitalière dont les sympathies nous accompagnaient. A travers cette allégresse perçaient des regrets : nous allions perdre beaucoup de joyeux et bons camarades.

CHAPITRE XI.

Le Retour.

Je rends au ciel, je rends grâce à genoux ;
Je t'embrasse, ô terre chérie !
Dieu ! qu'un exilé doit souffrir !

BÉRANGER.

SOMMAIRE :

Bayeux. — Caen. — La guerre civile. — Lisieux. — Pont - Audemer. — Rouen. — Le contact des Prussiens. — Revue de la campagne à vol de locomotive. — La maison paternelle. — *Cedant arma togæ.* — Les Réfractaires.

Au point où nous en sommes arrivés, le lecteur n'attend pas de moi de longs développements. Nous courons au dénouement ; nous avons hâte d'embrasser nos parents , nos amis.

Une première étape nous amena à Bayeux, vieille et curieuse ville, dont la cathédrale surtout est remarquable. A l'extérieur, autour de la toiture, circule une galerie ogivale d'un très-joli effet. Les portails ont été mutilés par le marteau révolutionnaire , mais sont encore beaux. A la bibliothèque de Bayeux se trouve une des plus grandes curiosités qu'on puisse voir. Je l'ignorais, je n'ai donc pas vu. M. Jules Janin (La Normandie) qui, lui, a vu sans doute, va nous en parler : « Une tapisserie, l'œuvre d'une aiguille patiente, l'histoire de Guillaume-le-Conquérant écrite par sa femme Mathilde, témoin oculaire, témoin modeste de tant de gloire. Ni vos titres, ni vos livres, ni vos poèmes, ni vos parchemins ne valent pour l'authenticité et la naïveté de cette histoire de la conquête, ces images tracées d'une main ferme par Mathilde, la grande reine. »

On fabrique des dentelles à Bayeux et dans les environs. Ces dentelles ont figuré avec le plus grand honneur à nos expositions universelles. Je vis travailler ces dentellières dont l'habileté est réellement merveilleuse et le salaire cependant assez modique. Je logeai au château de M. de Bonnechose, cousin du cardinal-archevêque de Rouen. C'est un homme encore très vert pour son âge, l'un des botanistes les plus éminents de France, président et membre de plusieurs sociétés savantes de Caen. Il fut officier de cavalerie sous le premier empire. Dans son langage affectueux et noble se peignait une douleur profondément ressentie. Chaque revers qui avait atteint notre malheureux pays avait eu son contre-coup dans le cœur vibrant de ce vieillard, témoin des gloires éblouissantes de Napoléon Iᵉʳ. Le soldat d'Iéna ne pouvait pas croire que Sedan fût possible.

De Bayeux nous allâmes à Caen, le chef-lieu du Calvados, la patrie de Malherbe et des jurisconsultes contemporains, Demolombe et Bertauld. Nous ne fîmes que passer à Caen ;

nous n'eûmes pas le temps d'admirer ses splendides églises, ses maisons anciennes , sa prefecture , son château. Je remarquai seulement sur la place de l'Hôtel-de-Ville une statue anonyme. Je demandai à un passant quel personnage elle représentait. Il me répondit simplement : « Il y a long-temps qu'il y est ; il pourrait faire place à un autre. » Je dus me contenter de cette réponse énigmatique et supposer que je contemplais la statue de Louis XIV.

Nous n'avions ni assez de temps ni assez de liberté d'esprit pour nous arrêter aux pieds des statues : à l'Hôtel-de-Ville se trouvait affichée la dépêche de M. Thiers annonçant que l'armée avait dû quitter Paris , où l'émeute était triomphante, et que quarante mille hommes s'étaient concentrés à Versailles. La guerre civile avait commencé. Sinistre époque ! Déplorables événements ! Le lecteur me permettra de ne pas dire un mot de la guerre civile. Assez de brochures , assez de livres sont consacrés à cette triste page de notre histoire. J'ai dit les luttes de l'armée du Nord ; je ne raconterai pas des luttes fratricides, auxquelles, du reste, le 46me a eu le bonheur de ne point prendre part. Je n'ai pas besoin de protester de mon horreur pour les hommes et les principes de la Commune de Paris. Mais quels que soient les égarements de certains hommes , la clémence et l'oubli doivent garder leur large part. Le sang appelle le sang. Que nos hommes d'Etat , qui veulent l'ordre , l'apaisement des passions, la stabilité , méditent ces beaux vers de Racine :

« Britannicus mourant excitera le zèle
De ses amis tout prêts à venger sa querelle.
Ces vengeurs trouveront de nouveaux défenseurs
Qui même après leur mort auront des successeurs.
Vous allumez un feu qui ne pourra s'éteindre. »

. . . .

De Caen nous allâmes à Lisieux , où nous eûmes un jour de repos. Lisieux était, avant la Révolution , le siége d'un évêché. Le palais épiscopal est devenu tout à la fois sous-préfecture , tribunal et prison. Un très-beau jardin relève l'ensemble de ces édifices. Quant à la cathédrale , bâtie, à l'époque de son repentir par Pierre Cauchon, le juge inique de Jeanne d'Arc, elle est de style roman. Sa façade est ornée de deux tours dont l'une, la plus grande , est de forme pyramidale. Quelques parties de ce monument datent , dit-on , du XIIe siècle. Le connaisseur remarque avec plaisir dans de vieilles rues de Lisieux le style architectural de vieilles maisons qui, pour le profane , méritent à plus d'un titre le coup de pioche du démolisseur.

De Lisieux l'étape nous amena à Pont-Audemer, coquet chef-lieu d'arrondissement, sur la Rille. Le pays est pittoresque , la campagne , fertile. Les cuirs de Pont-Audemer sont les plus recherchés. Ce renseignement est pour l'homme positif ; pour le poète et l'antiquaire cette contrée ne manque pas non plus d'objets dignes d'attention. L'église de St-Germain, la plus vieille de la ville , est âgée , selon les indigènes, d'au moins treize cents ans. Je reçus chez des amis de ma famille la plus cordiale hospitalité et je regrettai qu'on ne s'arrêtât pas à Pont-Audemer , comme on l'avait fait à Lisieux.

Deux jours après, nous arrivions à Rouen. Pour jouir du magnifique coup-d'œil d s rives de la Seine, j'avais quitté la colonne à la Bouille, petit village bâti sur le bord de la montagne, entouré de forêts. Je vis la silhouette du mont Robert, emplacement du château fabuleux de Robert-le-Diable. « Il y avait, dit la chronique , à une lieue près de Rouen , des femmes qui vivaient religieusement. Robert entra dedans et fist venir devant luy toutes les religieuses et print la quelle qu'il luy plut à force. » Le bateau à vapeur me déposa avec quelques camarades sur le quai de la rive droite, à Rouen

Nous étions en Prusse, c'est-à-dire dans un pays interdit à l'armée française, et pourtant nous portions l'uniforme, nous avions le sabre au côté. Nos cœurs étaient serrés à notre entrée dans cette ville française où l'uniforme français était proscrit, où se pavanaient les officiers allemands , où pullulaient leurs hommes.

J'ai revu depuis Rouen, dans des circonstances aussi douces pour moi qu'elles étaient tristes alors ; j'ai revu Rouen délivré de cette lèpre. Ce n'était plus la même ville ! Je pus alors admirer à mon aise tous ces beaux monuments , tous ces grands souvenirs de la capitale de notre plus belle province : le Palais-de-Justice avec sa magnifique salle des assises au plafond si original , et ces belles églises : Notre-Dame , Saint-Ouen, Saint-Maclou. J'ai gravi aussi la colline et je suis allé jusqu'au sanctuaire de Notre-Dame-de-Bon-Secours. De là on voit toute la ville, la Seine, ses ilots, ses rives où l'agriculture et l'industrie se livrent ces luttes fécondes qui font de ce pays l'un des plus riches de France. Là , le corps et l'âme sont bien disposés pour remercier le ciel d'avoir assigné un terme à nos malheurs, d'avoir eu pitié de notre patrie et de l'avoir rendue à elle-même et à ses grandes destinées.

Nous ne restâmes pas longtemps sur la rive droite. Nos cœurs étaient trop gonflés d'amertume au contact des Prussiens. L'armée française devait le salut à l'armée victorieuse. Cette dure loi ne fut jamais la nôtre ; nos têtes restèrent couvertes devant l'Allemand bouffi de l'orgueil du succès.

Nous eûmes la permission de prendre la voie ferrée pour aller tomber dans les bras de ceux qui nous attendaient avec tant d'impatience. A vol de locomotive , nous revîmes presque complètement le théâtre de la campagne du Nord , tous ces lieux dont les noms parlaient si haut à nos esprits : Formerie, le champ du premier combat ; Amiens, inondé de troupes allemandes ; Villers-Bretonneux ; Achiet ; Bapaume, puis Cambrai, qui nous avait reçus après notre dernière bataille, Saint-Quentin.

Enfin , sur cette colline , au milieu de ces verdoyantes prairies, voici cette heureuse ville d'Avesnes, que le flot de l'invasion a respectée, voici son clocher qui émerge sombre et majestueux de la brume du soir. Dans cette ville d'adoption bientôt je viendrai déposer l'uniforme du mobile pour reprendre la robe de l'avocat : *cedant arma togæ* ! Mais avant cela, dans quelques heures, je vais voir le clocher de la ville natale et ces murs qui parlait au cœur de la façon la plus éloquente ; je vais voir la maison paternelle, embrasser mon père, m'asseoir à ses côtés.

Quelle qu'ait été l'issue de cette guerre, quel qu'ait été le rôle de la garde mobile, ce sera toujours une grande et intime satisfaction pour ceux qui ont fait cette campagne de pouvoir se dire : j'ai rempli mon devoir. Peut-être voudra-t-on douter de nos dangers, nier nos fatigues, oublier notre courage et notre abnégation, ou plus simplement oublier que nous avons obéi à une obligation toujours stricte et rigoureuse envers la patrie, que sont sort soit heureux ou malheureux, que son gouvernement soit bon ou mauvais. Peut-être ceux qni ont fui cette obligation en se réfugiant à l'étranger, ou qui, sans être appelés dans les rangs de l'armée ont vu nos maux avec indifférence, prêts à accueillir les Prussiens comme des compatriotes et des amis, peut-être ceux-là seront-ils les premiers à hausser les épaules ironiquement quand nous parlerons de notre campagne et à parler de la mobile avec une sorte de dédaigneux mépris. Laissons-les. Le témoignage des hommes de cœur et celui de notre conscience suffisent.

Le général Faidherbe dans un de ses ordres du jour dit : « Quant à ceux qui se sont soustraits à l'accomplissement de leur devoir par des moyens coupables et que n'atteindraient pas les rigueurs de la loi, c'est à l'opinion publique à en faire justice ; ils ont dans leur vie une tache qui ne doit pas s'effacer de longtemps. » A Dieu ne plaise que je demande pour ces jeunes gens un châtiment plus sûr et plus efficace que la justice de l'opinion ! On aurait peut-être bien fait néanmoins de leur demander, à leur rentrée en France, l'acquittement d'une faible partie de la dette des cinq millards. Aux circonstances exceptionnelles, dit-on, il faut approprier des lois exceptionnelles. Une seule chose m'inquiète, et c'est à nos hommes d'état de résoudre cette difficulté : comment fera-t-on plus tard pour empêcher la désertion et punir les déserteurs ?

Epilogue.

Puisse cette France si chère à nos cœurs
revoir des jours plus heureux.

CHATEAUBRIAND.

SOMMAIRE :

De la démoralisation en France. — La question politique et la question sociale. — La revanche.

On peut faire de notre pays et de notre époque un tableau très-noir ; on peut aussi, de leurs qualités et de leurs ressources, faire un tableau très-flatteur. Il faut avouer, en toute sincérité, au risque de faire chorus avec nos ennemis, que la démoralisation est partout en France, du moins à la surface. Notre pays, plus ou moins grièvement atteint, est malade. Il faut le guérir. Les médecins et les empiriques abondent : chacun apporte son petit remède. Tous les systèmes peuvent se réduire à ceux-ci : ou *autorité,* c'est-à-dire Monarchie, ou *liberté,* c'est-à-dire République.

On est autoritaire ou libéral par tempérament, mais pour résoudre la question d'une façon générale, il faut connaître le tempérament de la nation. Or, sur ce tempérament on a dit les choses les plus contradictoires. On a dit que le peuple français avait le provisoire en horreur, qu'il lui fallait du définitif à tout prix ; on a dit aussi que le peuple français a le caractère si mobile qu'il ne peut souffrir aucune constitution pendant une période plus longue que vingt ans. La véritable solution paraît donc naturellement indiquée : il faut au peuple français la mobilité érigée en institution, en autres termes, la République ; et cette solution est d'autant plus exacte que pour les esprits réfléchis cette forme gouvernementale est la seule qui soit compatible avec le suffrage universel.

Quant à moi, partisan convaincu du suffrage à deux degrès, je reconnais cependant que le suffrage universel est une conquête définitivement acquise de la démocratie ; j'irai même plus loin et je dirai que le suffrage universel n'est ni si irrationnel ni si aveugle qu'on veut bien le dire. Il se trompe quelquefois. Qui en doute ? Tous les souverains, toutes les assemblées se trompent également. L'important est de laisser au suffrage une liberté complète. Si cette liberté existe, le remède est trouvé pour le mal politique.

Mais, à côté du mal politique, il y en a un autre bien plus profond, bien plus dangereux : le mal social. Nous avons cru indiquer la solution de la question politique ; quelle sera la solution de la question sociale ? — L'instruction. — Nous sommes un peuple très-ignorant, il nous faut devenir un peuple très-instruit. La transition sera pénible, qu'importe ! Il ne faut pas rejeter un progrès à cause de ses inconvénients, et il faut nous souvenir que les Prussiens nous ont battus parcequ'ils étaient plus instruits que nous. Il faut devenir aussi instruits qu'eux. On objecte les dangers de l'instruction ; ils sont réels, parceque l'instruction est l'exception ; ils deviendraient nuls quand l'instruction serait générale. Actuellement le premier paysan qui en sait plus que son voisin vise à une sous-préfecture. Il faut empêcher cela par l'instruction obligatoirement , gratuitement et libéralement donnée. — Je dis libéralement, car ici encore la liberté doit tout sauver. L'Etat, la corporation, l'individu instruiront, le père de famille choisira. — Pourquoi *l'instruction laïque* ? Pourquoi , partisans de la liberté, avez-vous renié votre principe ? Parceque vous ne vous croyez pas assez forts pour le faire triompher. Hommes de peu de foi, si vous n'êtes pas assez forts maintenant, vous le deviendrez, parceque vous êtes la vérité et que, représentants de la vérité, vous aurez le courage de lutter au grand jour de la liberté.

M. Gambetta, dans un discours prononcé à Saint-Quentin a dit de fort belles et de fort bonnes choses, mais en même temps il a révélé des tendances doctrinaires, je dirai plus, des tendances césariennes. — Il viendra peut-être un jour où M. Gambetta sera l'homme de la situation, où les Français lui sauront gré de n'avoir pas désespéré de la patrie et d'avoir lutté pour son honneur ; ce jour-là il faudra se rappeler qu'un principe tel que celui de la liberté ne s'incarne pas dans un homme, quelque grand qu'il soit, et qu'au-dessus de l'intérêt de M. Gambetta il faut savoir mettre l'intérêt de la République. — Pourquoi, par exemple, dans son discours, le dictateur passé et futur a-t-il adressé au bas clergé des flatteries intéressées, tout en refusant à ce clergé une partie de son légitime domaine, l'instruction populaire ?

La liberté vraie et sage sauvera la France , si la France n'est pas trop démoralisée pour accepter un régime qui demande tant de vertu. Peut-être , comme les Hébreux qui , partis à la conquête de la terre promise regrettaient les ognons de l'Egypte, les Français regretteront-ils les institutions monarchiques, ces institutions qui ressemblent à un paratonnerre mal construit. Pendant quinze, vingt ans, le calme a régné dans l'atmosphère, malheureusement il existe une solution de continuité dans l'appareil sauveur, la foudre éclate et dévore l'édifice.

Parmi les choses sensées qu'a dites M. Gambetta à Saint-Quentin, je trouve ceci : « Il ne faut pas parler de revanche, mais il faut y penser toujours ». — On parle beaucoup trop de revanche contre l'Allemagne , tout le monde le sent ; on n'y pense pas assez , tout le monde le craint. Peuple français, soyez instruit , soyez fort , et quand vous aurez bien ramassé vos forces , quand vous serez certain du succès autant qu'on peut l'être d'une entreprise humaine, pensez alors à la revanche , prenez-la et prenez-la entière. Mais la vie d'un peuple est longue , soyez patient : *Patiens quia æternus.*

Je lis dans un journal de modes : « On n'imagine pas l'extension prise par la fabrication des bijoux Alsace-Lorraine. Ce ne sont plus seulement des bagues que M. Gueyton fait avec les deux écussons accolés de nos provinces , mais des épingles de cravate, des médaillons de toute forme, des breloques de tous genres. Chacun veut en avoir, tant et si bien qu'on fabrique aujourd'hui des bagues de 20 à 80 fr.,

et les autres bijoux en toute dimension. Voilà le plus conve-
nable de tous les présents pour un jeune homme ; c'est là
un sujet qu'il doit avoir sous les yeux, pour y penser toujours, à toute heure de sa vie. »

Tout cela est très-beau, mais les réformes, les préparatifs,
les actes ? — Soyons moins ardents ; soyons plus opiniâtres.

Je termine par la belle conclusion du général Faidherbe :
« La cause de la démocratie peut être purifiée en France
même, quoique nous ne l'espérions guère, et, en outre,
nous avons la ferme croyance que nos vainqueurs, les Allemands, relevés à leurs propres yeux par des succès obtenus
au prix de leur sang, ayant dorénavant le sentiment de leur
valeur et de leur dignité, réclameront bientôt intégralement
leurs droits d'hommes libres dans leur propre pays et ne
se contenteront plus, pour en jouir, de s'expatrier en Amé-
rique. Si, de notre côté, nous sommes alors régénérés et
libres aussi, les deux-peuples oublieront leurs anciennes
guerres dans une union fraternelle ; le Rhin ne sera plus
une barrière convoitée et trop souvent ensanglantée, mais
un trait d'union, une artère vivifiante, et l'Europe jouira
enfin d'une paix sérieuse. Voilà la revanche que les bons
esprits doivent désirer prendre sur M. le prince de Bismark
et sur la féodalité allemande. »

FIN

DOUAI. — Imprimerie DUTHILLŒUL et LAIGLE.